Género Cuento de hadas

Pregunta esencial

¿Qué puedes hacer para lograr un objetivo?

Los dragones y las palomitas de maíz

Marcela Villegas-Gómez
ilustrado por Diego Díaz

Capítulo 1

Un gran reto

Muchos siglos atrás los dragones vivían en los bosques. Pero como escupían fuego, la gente les temía, los caballeros los expulsaban cuando se acercaban mucho a los poblados y las princesas se escondían en la torre más alta de sus castillos.

Nadie sabía que en realidad los dragones eran mansos como palomas. Al ver el rechazo de los humanos, los dragones prefirieron alejarse de ellos y, para evitar problemas, se encogieron hasta volverse diminutos. Como nunca más los seres humanos volvieron a ver dragones en los bosques, creyeron que se habían extinguido.

Ahora los diminutos dragones viven en los jardines de las casas, en los pueblos, en el mar, en los bosques, en las praderas e, inclusive, en los armarios.

Cada año, en el otoño, los dragones realizan un encuentro de dos días donde eligen al dragón que los gobernará durante los siguientes doce meses. Durante este tiempo, escuchan grupos musicales y organizan juegos de escondite, concursos de canto y de acrobacias.

Felipe y Felisa son dragones. Viven en un pueblo pequeño en la costa de California, en el jardín de la casa de Lucía, una niña de 10 años.

Este otoño, Felipe y Felisa están preocupados porque deben organizar el encuentro anual de dragones.

—No sé por dónde empezar, Felisa —dijo con preocupación Felipe—. Me siento un poco inquieto porque nunca había tenido una responsabilidad tan grande.

—Yo tampoco —respondió Felisa—. Todos esperan que lo hagamos muy bien. La reunión del año pasado fue un éxito, y las expectativas son muy altas. En comparación, la nuestra debe ser igual o mejor.

—Tenemos muchas cosas por organizar. Debemos encontrar un lugar apropiado para la reunión y planear el orden de las actividades.

—Felipe, alguien debe encargarse de que se mantenga el orden para que podamos realizar a la hora programada la elección de nuestro gobernante.

El asunto más complicado que Felipe y Felisa debían solucionar era conseguir comida para los asistentes. Aunque son pequeños, los dragones necesitan mucha comida, pues un dragón hambriento pierde la capacidad de lanzar fuego por su boca. ¡Y así sería muy difícil jugar todo lo que tenían planeado durante la fiesta! Felipe y Felisa no podían arriesgarse a que el encuentro fuera menos divertido que el del año anterior.

Capítulo 2

Manos a la obra

Felisa y Felipe hicieron un trabajo estupendo. Encontraron un lugar perfecto para el encuentro: un bosque pequeño, rodeado de grandes árboles, detrás de la casa de Lucía. Montaron una especie de teatro, armaron asientos con trozos de madera seca y los dispusieron en semicírculo, frente a una roca grande.

—Debemos organizar muy bien la reunión. Tenemos poco tiempo y muchas cosas por hacer —dijo Felisa.

—Primero, el actual Jefe Dragón presentará el informe del año que termina. Segundo, el profesor Cornelio dictará su interesante conferencia sobre cómo evitar ser tragado por un sapo —añadió Felipe.

—Después se hará la votación para elegir al nuevo Jefe Dragón.

—Y Violeta, el hada, nos ayudará a cumplir el orden del día en los horarios establecidos —dijo Felipe.

—Para finalizar, haremos un concurso de acrobacias aéreas. ¡Es una de mis diversiones favoritas! —añadió Felisa—. Contrataremos al coro de dragones de Florida para que cante hasta finalizar la reunión. ¡Se hablará de esta reunión durante mucho tiempo! ¡Será estupenda!

—Tenemos que elegir el menú para la cena —dijo Felipe con inquietud.

Felisa y Felipe trabajaron desde el amanecer hasta el anochecer durante varias semanas. Solo les faltaba preparar la comida, que debía ser abundante, fresca y de la mejor calidad.

Los dragones siempre les ofrecen lo mejor a sus invitados y más cuando se organiza una reunión tan importante.

La lista de comida incluía: nueces, bellotas y piñones. También planeaban ofrecer moras, frambuesas, aceitunas y manzanas silvestres. Como postre, servirían higos dulces como la miel. ¡Los dragones tendrían un banquete de reyes!

Algunas ardillas les ayudaron a Felisa y Felipe a guiarse en los bosques cercanos. Ellas conocían los mejores sitios para recolectar nueces y bellotas. Las amables ardillas también les ayudaron a quitarles la cáscara y dejarlas listas para comerlas asadas.

Felisa y Felipe querían recolectar la fruta pocos días antes de la reunión, pues así estaría más fresca y jugosa.

Los días pasaban. Más cosas se alistaban y organizaban. El gran día se acercaba. Felisa y Felipe tenían en cuenta cada detalle, para que el encuentro saliera perfecto y todos los dragones pasaran dos días inolvidables.

Faltaban tres días para la reunión y todo estaba casi listo. Con la ayuda de los habitantes del bosque, Felisa y Felipe recolectaron suficiente comida para el gran banquete. Los dos estaban muy felices, pues todo iba saliendo a las mil maravillas. Ya solo quedaba esperar a que llegara el gran día para recibir a todos los dragones.

Todo estaba fresco y delicioso. Orgullosos de su esfuerzo, se sentaron un rato para contemplar la cantidad de deliciosos manjares, guardaron la comida y se fueron a dormir como marmotas.

Detective del lenguaje

La palabra subrayada es un sustantivo femenino. Busca otros sustantivos femeninos en esta página.

A la mañana siguiente, Felisa se dirigió al lugar donde habían guardado la comida. Con horror descubrió que solo quedaba una manzana mordisqueada. ¡La comida había desaparecido! Con angustia gritó:

—¡Desapareció la comida de los dragones! ¿Quién pudo haberla tomado?

Todos los habitantes del bosque sabían que al día siguiente se realizaría la reunión de los dragones; por lo tanto, ninguno se llevaría la comida que Felisa, Felipe y sus amigos habían recolectado con tanto esfuerzo. Todos habían trabajado como hormigas durante varios días.

Felisa se sentó en una rama del árbol. Estaba preocupada y un poco triste. Era casi imposible juntar tanta comida en un día.

Si no encontraban una solución pronto, se podría arruinar el encuentro anual de dragones. ¡Eso sería terrible!

“¿Qué vamos a hacer?”, pensó Felisa.

Capítulo 3

Encuentro con una amiga

Felipe encontró a Felisa sentada en la rama del árbol. Estaba desconsolada. Felipe vio que la comida del encuentro de dragones había desaparecido. En ese momento, una rata amiga llegó por el gran alboroto que generó la desaparición de los manjares de la reunión.

—La solución es muy fácil —dijo la rata—. Las casas de los seres humanos están llenas de comida.

—¿Tomarlas sin permiso? —preguntó Felipe enojado—. Nosotros jamás haríamos eso. ¡No propongas esas ideas!

En ese momento, Lucía llegó al jardín y se sentó a leer un libro a la sombra del mismo árbol donde estaban Felipe y Felisa. Lucía estaba sorprendida: escuchaba susurros que le parecían que provenían de la copa del árbol. Dejó su libro al lado e investigó el origen de los susurros.

—¡Qué raro! ¿De dónde provienen esos murmullos? —se preguntó Lucía con curiosidad.

De repente, Lucía miró hacia arriba de su cabeza, entre las ramas del árbol, y encontró dos dragones sentados allí. Eran Felisa y Felipe. Lucía estaba maravillada y con mucha delicadeza se acercó.

—¡Son dragones! ¡Dragones diminutos! ¡Hola! —dijo Lucía amablemente—. ¿Por qué tienen esa cara de preocupación?

Felisa y Felipe no encontraron las palabras para responderle, pues estaban asombrados: ¡una niña los había descubierto!

—Tal vez los pueda ayudar, pero para eso necesito que me cuenten lo que está pasando —dijo la niña—. Mucho gusto, me llamo Lucía.

Los dragones le contaron a Lucía del encuentro anual de dragones que ellos estaban organizando y de la desaparición de todos los alimentos dispuestos para esa reunión a pocas horas de que se iniciara.

—¡No se preocupen, amigos! —dijo Lucía—. Iré a mi casa y les traeré nueces, pasas, higos secos y algunas frutas.

Detective del lenguaje	**La palabra subrayada es un sustantivo masculino. Busca otros sustantivos masculinos en esta página.**

Capítulo 4 Lucía al rescate

Los diminutos dragones consideraron que la idea de Lucía no era adecuada. Lucía debía explicarles a sus padres para qué necesitaba la comida. Pero ella, no podía revelar la existencia de dragones en su jardín y mucho menos podía decir mentiras.

—Entonces —propuso Lucía—, vamos a recolectar nueces, bayas y bellotas al jardín de mi amigo, el vecino. Él nos ayudará, y entre todos lograremos recolectar la comida justo a tiempo para su reunión.

Felipe y Felisa volaban sobre Lucía mientras ella se dirigía al jardín de la casa vecina. Entre todos recolectaron tantos alimentos como fue posible, llevaron los alimentos recolectados al jardín de Lucía y pensaron dónde los guardarían para ponerlos a salvo. No querían que ocurriera lo mismo que pasó con la recolecta anterior.

Felisa temía que los alimentos desaparecieran nuevamente.

—Sería terrible que los alimentos volvieran a desaparecer —dijo Felisa.

Lucía les ofreció a los dragones una caja de latón para que pusieran la comida allí y así no desapareciera tan fácilmente. La caja la guardarían en el garaje de la casa de Lucía así, la comida estaría segura.

—Gracias, Lucía, ¡eres fabulosa! —dijeron los dragoncitos a coro.

Pero, aunque el problema de la comida ya estaba resuelto, Felisa seguía inquieta porque no sabían todavía quién se había llevado la comida.

—Muchos seres del bosque nos ayudaron. No creo que hayan sido ellos —respondió Felipe con seguridad.

Lucía propuso que guardaran la comida primero, y luego investigaran la desaparición. ¡Ahora serían detectives en una importante misión!

Los dragoncitos y su nueva amiga aseguraron la comida en el garaje de la casa de Lucía y después se dirigieron al lugar donde habían guardado la comida la vez anterior. Allí examinarían el lugar con detalle para encontrar alguna pista.

Fueron al refugio del árbol donde encontraron lo mismo que esa mañana: una manzana mordisqueada en medio del lugar.

—Anoche guardamos la comida aquí y esta mañana solo encontramos esto —dijo Felisa señalando los restos de la manzana.

—Recolectamos bastante comida para nuestra reunión anual de dragones. ¿Quién necesitará semejante cantidad de comida? Debe haber huellas en algún lugar, una pista que nos diga quién fue el que se llevó nuestra comida —dijo Felipe con decisión.

Estaban buscando pistas, cuando de repente Lucía encontró una huella, no sabía de qué animal era, hasta que Felisa la vio y reconoció que ¡era de un mapache! Felisa y Felipe estaban seguros de que esa huella no era de ninguno de sus amigos mapaches, pues ellos los ayudaron en la recolección. Si hubieran querido un poco de comida, la habrían pedido.

—Podría ser un mapache forastero. He leído que los mapaches viajan por todas partes del mundo en busca de comida porque son muy glotones —replicó la niña.

—Tienes razón —contestó Felipe mientras miraba las huellas con detenimiento.

—También leí que los mapaches lavan su comida antes de comerla —continuó Lucía—. Vayamos a la fuente de agua del jardín, allá podremos encontrar una pista.

Lucía y los dragones fueron a la fuente del jardín y, de repente, vieron un mapache que estaba lavando un higo con mucho cuidado.

Los dragones no lo habían visto nunca y Lucía tampoco, así que se acercaron con sigilo fijándose en las huellas de sus patas.

—Hola, mapache, soy Felipe. ¿Dónde encontraste ese higo? Se ve delicioso —preguntó Felipe con cautela, pues no quería juzgar mal al mapache ni tampoco asustarlo.

—Hola, soy Juanito, el mapache. Anoche venía caminando y me encontré un montón de comida en la grieta del árbol. Si quieres te puedo dar un poco —respondió el mapache con alegría y amabilidad.

Los dragones no sabían qué decir.

—¿Y la tomaste así no más? —preguntó Lucía—. Podría ser de alguien que la guardó allí, ¿no crees?

—¿Era de ustedes? —preguntó con asombro Juanito—. ¡Qué despistado fui! Por eso los mapaches tenemos la fama que tenemos. Puedo devolverles las nueces, las bellotas y los piñones, pero las frutas... ya me las comí todas.

—Habíamos recolectado esa comida para una gran reunión que tendremos mañana: el encuentro anual de dragones —dijo Felipe.

Juanito estaba muy avergonzado porque por su descuido casi trae serios problemas a los pequeños dragones. Les ofreció disculpas a todos y les propuso que podría traer a sus amigos mapaches y hacer el baile de los mapaches en la noche, después de la elección del Jefe Dragón.

El baile de los mapaches era conocido en el mundo entero por su gracia y porque solo se hacía en ocasiones verdaderamente especiales. ¡Y esta era una ocasión especial!

Antes de que Lucía se fuera a casa a cenar con sus padres, los diminutos dragones le agradecieron por su gran ayuda y colaboración.

—Lucía, has sido muy amable con nosotros. Sin tu ayuda no hubiera sido posible recuperar la comida. Has hecho mucho por nosotros. Muchas gracias —dijo Felisa.

—Espero que nos veamos en otra ocasión. Ya sé que hay pequeños dragones viviendo en el jardín de mi casa. Con esta aventura, me he sentido como en un cuento de hadas. ¡Solo faltó que me convirtiera en princesa! —exclamó Lucía maravillada y sonriente.

A la mañana siguiente, Lucía les llevó un regalo a los dragones: una bolsa de maíz. Parecía un regalo poco común, pero resultó ser muy apropiado.

—¡Maíz para hacer palomitas! —exclamó Felisa—. ¡Qué buen regalo! ¡Gran complemento para nuestra reunión especial! ¿Cómo sabías que nos gustan mucho?

—No lo sabía. Solo imaginé que sería divertido que soplaran el maíz con el fuego de su hocico —respondió Lucía.

—Gracias de nuevo, Lucía —insistió Felipe—, eres una niña muy bondadosa.

Todos los dragones llegaron muy puntuales, a eso de las 7:00 p. m. La puntualidad era su característica más importante. La reunión fue un gran éxito, había suficientes y variados manjares, la comida estaba fresca y deliciosa, en fin, todo era magnífico. Los dragones estaban muy orgullosos de Felisa y Felipe.

Detective del lenguaje	**Busca en esta página una abreviatura. ¿Qué palabra representa?**

Antes de que el coro de dragones de Florida se presentara, los mapaches realizaron su espectacular baile. Los dragones quedaron maravillados con ese baile tan gracioso y divertido. Les preguntaron a Felisa y a Felipe cómo habían hecho para que los mapaches accedieran a hacer esa presentación, pero ellos solo sonrieron guardando el secreto del descuido del mapache con la comida de los dragones. Nunca revelaron que casi se arruina ese encuentro.

Para terminar, Felipe les entregó el maíz a todos los asistentes y cada uno sopló y sopló, y en palomitas al maíz convirtió, porque aunque suene increíble, ¡a los dragones les encantan las palomitas de maíz!

Respuesta a la lectura

Resumir

Emplea detalles importantes de *Los dragones y las palomitas de maíz* para resumir el cuento. Puedes usar el organizador gráfico como ayuda.

Suceso	→	Resultado
	→	
	→	
	→	
	→	

Evidencia en el texto

1. ¿Cómo sabes que *Los dragones y las palomitas de maíz* es un cuento de hadas? Da detalles de las características y los sucesos. **GÉNERO**

2. Compara la forma de ser del mapache, la rata y los dragones. **COMPARAR Y CONTRASTAR**

3. En la página 7, ¿qué significa el símil "se fueron a dormir como marmotas"? **SÍMILES Y METÁFORAS**

4. Escribe cómo Lucía ayudó a los dragones. **ESCRIBIR SOBRE LA LECTURA**

Género Cuento de hadas

Compara los textos

Lee acerca de cómo un hombre consigue la información que necesita.

La salamandra

Había una vez una princesa que tenía una torre de doce pisos. En cada piso había una ventana. Cuando la princesa miraba por la primera ventana, su visión era más aguda que la de cualquier persona. Cuando miraba por la segunda, veía tan perspicaz como un águila. Desde la duodécima ventana, podía ver todo aquello que estuviera por encima y por debajo de la Tierra.

La princesa quería casarse con un hombre ingenioso, entonces proclamó que solo se casaría con alguien que pudiera esconderse de ella.

Un hombre joven se acercó y le pidió que le diera tres oportunidades. Era tan guapo y preguntó con tanta gracia que ella accedió.

El joven pensó y pensó, pero simplemente no logró encontrar un buen escondite. Frustrado, se fue a cazar. Estaba a punto de dispararle a un cuervo cuando el pájaro le pidió que le perdonara la vida. El cuervo era tan elocuente que el joven lo dejó ir. Ese día también les salvó la vida a un pez y a un zorro, pues también le pidieron piedad.

Illustration: Josh Smits

Al día siguiente, el hombre joven sabía que debía esconderse, entonces le pidió ayuda al cuervo. El cuervo rompió un huevo en dos y escondió al joven adentro, luego puso el huevo en su nido y se sentó en él.

Cuando la princesa fue a su primera ventana, no pudo ver al joven. Debió ir hasta la ventana del undécimo piso para poder verlo. Ella ordenó que le llevaran el huevo y que lo rompieran. Cuando salió el joven, le dijo:

—Esa fue tu primera oportunidad.

Al día siguiente, el joven le pidió ayuda al pez. El pez se lo tragó y nadó al fondo del lago. Esta vez, la princesa debió subir hasta el duodécimo piso para poder verlo. Ella ordenó que atraparan al pez y le dijo al joven:

—¡Te queda una oportunidad!

En el último día, él fue a ver al zorro. Después de pensar mucho, el zorro le dijo:

—¡Ya lo sé! ¡Con razón todos buscan mis consejos!

El zorro llevó al joven a un manantial mágico. El manantial transformó al zorro en un comerciante de animales y al joven, en una salamandra. Luego, el comerciante fue al pueblo a mostrar el bello animalito. Una multitud se reunió. Finalmente, la princesa se acercó a mirar y compró la salamandra. El comerciante le susurró a la salamandra:

—Cuando la princesa se acerque a la ventana, escóndete en las trenzas de su pelo.

La princesa comenzó la búsqueda, fue de ventana en ventana, pero no pudo ver al joven.

"Ajá", pensó él debajo de las trenzas de la princesa, "ella no pensó en esto cuando fijó el reto".

Después de ocultarse con éxito de la princesa, la salamandra regresó a donde el comerciante y ambos fueron de nuevo al manantial donde recuperaron su forma original. Luego, el joven retornó al castillo. La princesa lo estaba esperando con una sonrisa en su rostro. Pues resultó que él era el hombre ingenioso que ella había estado buscando todo el tiempo.

Illustration: Josh Smits

Haz conexiones

En *La salamandra*, ¿qué hace el joven para buscar maneras de esconderse de la princesa? **PREGUNTA ESENCIAL**

¿Qué hicieron los dragones de *Los dragones y las palomitas de maíz* y el hombre joven de *La salamandra* para obtener ayuda? **EL TEXTO Y OTROS TEXTOS**

Cuento de hadas En general, la trama de un cuento de hadas requiere que un personaje lleve a cabo una búsqueda difícil o una serie de tareas para lograr una meta. Al personaje le pueden ayudar o tender una trampa personas, animales u objetos que hacen cosas increíbles, como cambiar de forma o producir joyas.

En un cuento de hadas, los personajes buenos siempre les ganan a los malos y "viven felices por siempre".

Lee y descubre En *Los dragones y las palomitas de maíz*, dos simpáticos dragones deben organizar una fantástica fiesta para los demás dragones. De repente y misteriosamente, la comida desaparece. Una dulce niña ayuda a los dragones a recolectar comida nuevamente y a solucionar el misterio de la desaparición del banquete. Los dragones logran ofrecer su gran festín.

Tu turno

Vuelve a contar otro cuento de hadas que hayas leído o escuchado. Asegúrate de incluir tareas o retos y personas, animales u objetos que puedan ayudar, o tender una trampa al personaje principal mediante sus poderes especiales.